RADIUS BÜCHER

Heinrich Albertz

Störung erwünscht

Meine Worte zum Sonntag

CIP-Kurztitelaufnahme der Deutschen Biliothek

Albertz, Heinrich:
[Sammlung]
Störung erwünscht: meine Worte zum Sonntag /
Heinrich Albertz. – Stuttgart: Radius Verlag, 1980.
(Radius-Bücher)
ISBN 3-87173-559-0

ISBN 3-87173-559-0

Umschlag: Gerhard Schröder
Gesamtherstellung: Clausen & Bosse, Leck
Printed in Germany

Jedenfalls ist
mehr als in jeder Predigt,
mehr als in jedem Wort zum Sonntag
Wirklichkeit,
was die Christen in dieser Welt
auszurichten haben.

Heinrich Albertz

Ein Wort zum »Wort zum Sonntag«

Jeden Samstag, den Gott werden und das Deutsche Fernsehen senden läßt, stößt der Zuschauer auf eine uralte, zwischen den Spätnachrichten und einem letzten Film eingequetschte Sendung von höchstens 4¾ Minuten Dauer, deren Titel zu einer ganzen Serie von Witzen geführt hat: »Das Wort zum Sonntag«. Die Sendung wurde auf Dauer ins Erste Programm des Deutschen Fernsehens aufgenommen seit es dieses Programm gibt. Sie übertrifft wohl an Alter sogar noch Werner Höfers »Frühschoppen«. Aber im Gegensatz zu dieser ebenso vertrauten und umstrittenen Veranstaltung redet immer nur einer (ganz selten einmal, und dann als Sensation empfunden, eine Frau). Meistens sind es Theologen, hübsch eingeteilt im Wechsel Woche um Woche, römische Katholiken und evangelische Protestanten. Oft kommt einer mehrere Male hintereinander dran. Aber bisher war es unmöglich, ihn dann wenigstens über zwei oder drei Wochen hin reden zu lassen. Immer kommt einer von der anderen Konfession dazwischen. So streng sind die Bräuche. Und wer hinter die Kulissen schauen kann, der weiß, wie kompliziert die Auswahl, jedenfalls der evangelischen Sprecher dieses Wortes, gewesen ist und wohl auch auf lange Zeit bleiben wird. Eher Konservative und Progressive, Lutheraner und Reformierte, nördliche und südliche sind miteinander zu mischen.

Die Einschaltquoten für diese Sendung liegen extrem hoch. Freilich kann keiner schätzen, wer die Sendung wirklich sieht. Die naheliegende Vermutung, zwischen Nachrichten und Film werde neues Bier geholt oder anderen Bedürfnissen nachgekommen und dabei der Fernsehapparat weiter laufen gelassen, ist groß. Freilich gibt es auf fast jede Sendung ein erhebliches Echo an Briefen und anderen Reaktionen, und die Fachleute meinen, daß trotz ihres Alters die Sendung so sehr zu einer schönen Gewohnheit geworden ist, daß sie sich nicht mehr abschaffen läßt. Wer wollte auch wagen sie abzuschaffen in diesem allerchristlichsten Lande?

Aber zu dieser ironischen Frage muß wohl auch ernsthaft und immer von neuem in Frage gestellt werden, welchen Sinn diese knapp fünf Minuten in dem besonders seichten Wochenendprogramm des Fernsehens haben sollen. Seit einigen Jahren bin ich ja an diesem höchst problematischen Unternehmen dreimal im Jahr beteiligt und habe mich also jedes Mal von neuem zu fragen, was tust du hier, wer hört dir zu, ist das Ganze nicht eine unzumutbare Überforderung für die, die zuhören, aber auch für den, der zu sprechen hat? Diese Frage ist umso ernster zu stellen, wenn man nicht auch noch, wie es gelegentlich geschieht, in irgendein Hallodria auszuweichen wünscht und sich auf das Niveau der benachbarten Sendungen begibt. Denn es soll ja nun gerade nicht einfach fortgesetzt werden, was auch sonst zu sehen und zu hören ist: die Bilder von Leistung und Fortschritt, von Wachstum und Profit, von Unterdrückung und Ausbeutung, von Gewalt und Gegengewalt. Es soll gerade nicht dem Augustus oder dem Pilatus, den Hohenpriestern und Schriftgelehrten aller Zeiten das Wort geredet werden, sondern einem anderen, der statt Gewalt Frieden, statt Unterdrückung Barmherzigkeit, statt Ausbeutung Gerechtigkeit, statt Lüge und Manipulation Wahrheit und vor allem statt Haß die Liebe gepredigt und gelebt hat und dafür auch folgerichtig von den ungerechten und hassenden, den gewalttätigen und rechthaberischen Zeitgenossen umgebracht wurde.

Eigentlich müßte also vor dem »Wort zum Sonntag« oder vielleicht auch als sein neuer Titel, das vertraute Störungszeichen des Fernsehens »Unterbrechung« eingeschaltet werden. Denn tatsächlich soll der Lauf der Bilder und Worte störend unterbrochen werden. Nun freilich nicht so, daß die Welt, in der wir leben, und in der ja auch das Fernsehen lebt, plötzlich verschwände – sie soll durch diese Unterbrechung vielleicht sogar wesentlich deutlicher sichtbar werden –, sondern daß von anderen Möglichkeiten des Lebens als denen, die wir täglich angeboten bekommen, die Rede ist. Wenn also in diesen fünf Minuten auch nur für einen solchen Zwischenraum im Ablauf der Szene spürbar und hörbar wird, daß es noch eine andere Welt gibt als die von 16 Uhr bis ein Uhr nachts dargestellte, daß nicht alle unsere Rechnungen aufgehen, daß es sogar Zusammenhänge und Abläufe in unserem Leben gibt, die sich nicht berechnen lassen und nicht berechnet werden dürfen, dann ist die von mir gemeinte Unterbrechung eingetreten.

Ob sie freilich irgendeine Wirkung hat? Auch dies wird wohl nicht zu berechnen sein. Aus den Briefen, die ich erhalte, ist oft Nachdenklichkeit zu spüren, viel empörter Widerspruch über solche Störung, aber auch, Gott sei Dank, immer wieder das Aufatmen, daß es einmal für einen Augenblick frische Luft gegeben hat. Insoweit teilt das »Wort zum Sonntag« alles Elend und allen Glanz jeden Versuches, von Jesus Christus zu reden.

Im übrigen ist diese Sendung ja nur die bekannteste und auch umstrittenste in einer ganzen Reihe von anderen Versuchen, von den Möglichkeiten und vom Versagen christlichen Glaubens und Lebens in Rundfunk und Fernsehen zu berichten. In jeder Sendeanstalt gibt es Redaktionen, die sich »Kirche und Gesellschaft« oder ähnlich nennen und die dann natürlich mit anderen Redaktionen Wand an Wand sitzen, die aus bestimmten politischen, kulturellen oder sozialen Lebensbereichen in diesem Lande berichten und sie kritisch begleiten. Hier ist es nach meinen Erfahrungen zu einem Tatbestand gekommen, der wohl doch etwas mit der Sache zu tun haben muß, um die es den Kirchenfunkredakteuren, die ja niemals Funktionäre einer Kirche sind, geht. Während wir sonst mit immer größerer Sorge die Einflußnahme von Mächtigen aller Art auf Unabhängigkeit und Freiheit der Mitarbeiter der Rundfunkanstalten beobachten müssen, hat sich in den Redaktionen, die über Kirche und Welt zu berichten haben, eine deutliche und sympathische Freiheit erhalten. Was anderswo kaum noch ausgesprochen werden kann, kommt hier zur Sprache.

Um nur ein Beispiel zu nennen: Als das Wort »Nicaragua« in den allgemeinen Sendungen noch kaum erwähnt wurde, ist im Kirchenfunk laufend und deutlich über dieses Land und den Kampf dieses Volkes gegen einen blutigen Diktator berichtet worden. Die »Dienstags-Redaktion« des Süddeutschen Rundfunks und ähnliche Sendungen im Nord- und Westdeutschen Rundfunk, auch und gerade im Sender Freies Berlin, sind seit langem schon Oasen kritischer und couragierter Berichterstattung, vielleicht weil sie den Intendanten oder Rundfunkredakteuren eher als fremdartige Spielwiesen gelten, die nicht so ernst zu nehmen sind.
Ich würde mich freuen, wenn Sie sie jedenfalls ernst nähmen und immer wieder auf sie hinwiesen, nicht um sich an falschverstandener christlicher Mission zu beteiligen, sondern weil auch radikale Demokraten, die wenig oder gar nichts

mit Kirche oder Christentum zu tun haben wollen, lernen können, daß evangelische Freiheit und die bürgerlichen Freiheiten unlösbar miteinander verbunden sind.

Freiheit und Bindung

9. Oktober 1976

Nun, da der 3. Oktober* hinter uns liegt, darf man wohl auch in dieser Sendung darüber reden – gewissermaßen als ein Wort zum Sonntag danach: was sollte eigentlich ein Mensch, der sich bemüht, so etwas wie ein Christ zu sein, unter dem Zauberwort »Freiheit« verstehen? Von ihm war ja in den letzten Wochen bis zum Überdruß die Rede in allen möglichen und unmöglichen Verrenkungen.

Zunächst: der Christ sollte erfahren haben, daß es keine absolute Freiheit gibt, ja, daß er eine Bindung kennt, die heute wohl sehr unpopulär zu beschreiben ist. Denn die früheste Selbstdarstellung des unnennbaren, unbegreiflichen Gottes beginnt mit dem lapidaren Satz: »Ich bin der Herr«. Luther hat in seiner genialen Erklärung

---

* Wahl des Deutschen Bundestages

zum ersten Gebot gesagt: »Wir sollen Gott über alle Dinge fürchten, lieben und vertrauen.« Hier ist also mit einer radikalen Deutlichkeit von einem Einzigen die Rede, der allein das Sagen hat. Das ist für eine Diktatur wie für eine Demokratie eine unerhörte Herausforderung. Darum steht in der gleichen Bibel, die uns das erste Gebot überliefert, auch der gefährliche Satz: »Man muß Gott mehr gehorchen als den Menschen.« Darum fährt das erste Gebot unmißverständlich fort: »Du sollst keine anderen Götter haben neben mir.«

Freiheit heißt also, biblisch verstanden: in der Bindung an den Einen gewinnst Du Freiheit von allen anderen. Je mehr Du Dich auf den Einen einläßt, desto weniger bist Du den Mächtigen aller Zeiten und Orte ausgeliefert.

Darum ist ein Christ immer ein kritischer, ja ein rebellierender Partner, wenn ihn die Götter und Götzen aller Programme und Ideologien in Anspruch nehmen wollen, auch wenn sie im christlichen Gewande auftreten.

Aber das ist nicht alles, was gesagt werden muß. Das erste Gebot faltet sich ja in neun weitere auseinander. Sieben davon sprechen von unserem Verhältnis zum Mitmenschen – vom Leben, von der Ehe, vom Eigentum, von der Wahrheit. Die Freiheit, die Gott schenkt, um mit den Götzen unserer Welt fertig zu werden, ist also zugleich Hinwendung zum andern, altmodisch, in der Sprache der Bibel: die Liebe zum Nächsten.

Die Freiheit eines Christenmenschen ist also unlösbar verbunden mit dem Kampf um mehr Gerechtigkeit, mehr Frieden; mehr Wahrheit, mit mehr Menschlichkeit und Solidarität in der Welt, in unserm Lande. Darum rührt die Freiheit Gottes an, wer die Freiheit und das Menschsein irgendeines seiner Geschöpfe anrührt.

Freiheit wovon wird also Freiheit wozu. Darum war der einzig wirklich freie Mensch, der gelebt hat, der, der am tiefsten an seinen Gott gebunden war und der für uns alle starb, auch für alle Parteien und Parteiführer, für die Gewinner und Verlierer dieses 3. Oktober, und der lebt, heute lebt und uns sieht. Jesus Christus.

23. Oktober 1976

Vor 14 Tagen habe ich in dieser Sendung versucht, etwas über das große Thema Freiheit und Bindung zu sagen. Ich hatte das erste Gebot zitiert: »Ich bin der Herr Dein Gott. Du sollst nicht andere Götter haben neben mir.« Auch für die, die damals nicht zuhören konnten, möchte ich noch ein paar Anmerkungen zur gleichen Sache machen; auch weil mir so viele Briefe geschrieben worden sind.

Zuerst: Die radikale Befreiung, die wir erfahren, wenn wir uns auf den Gott des ersten Gebotes einlassen, macht uns zugleich frei von jeder ernsthaften Angst. Nicht, daß wir uns nun gar nicht mehr fürchten würden. Aber wir lernen, uns nicht *mehr* zu fürchten, als es unbedingt notwendig ist. Die Freiheit Gottes schenkt eine im letzten unerschütterliche Gelassenheit.

Zweitens: Wenn wir begriffen haben, daß es nur *einen* wirklichen Herrn gibt, haben wir es leichter, auf das eigene Herrschenwollen zu verzichten. Die Beherrschung der Menschen durch Menschen ist eine zutiefst unchristliche Sache – ich wiederhole: auch wenn sie im christlichen Gewande auftritt.

Drittens: Das erste Gebot ist das erste Wort Gottes an sein Volk nach der Befreiung dieses Volkes aus der Sklaverei Ägyptens gewesen. Es hat also, ob es uns paßt oder nicht, ganz konkret mit dem Sprengen der Ketten zu tun, die uns an diese oder jene Form eines Lebens binden wollen, in dem wir nur noch Knechte und darum keine Menschen mehr sind.

Schließlich also: Die Freiheit, die die gute Nachricht von dem freiesten Menschen schenkt, den es je gegeben hat, Jesus Christus, muß sich auswirken auf das ganze System von Abhängigkeiten, in denen wir leben, auf das Oben und Unten, auf das Treten und Sich-bükken-Müssen, auf die tägliche Anwendung demokratischer Freiheiten in unserem Lande also. Ein weites Feld zum Nachdenken, ein weites Feld.

Also wieder eine politische Predigt des Heinrich Albertz? Nein. Aber ich will versuchen, den befreienden Anspruch des Wortes Gottes ganz ernst zu nehmen. So dicht rückt es mir auf den Leib. Ich kann und will es nicht ändern.

Du sollst nicht töten

6. August 1977

Die Trauerfeier für Jürgen Ponto ist vorüber. Als der, der heute das »Wort zum Sonntag« zu sprechen hat, will ich an diesem neuen Mord an einem unserer Mitbürger nicht vorbeireden. Ich habe spätestens seit der Entführung von Peter Lorenz immer wieder gefragt, wie Verbrechen dieser Art in unserem Lande möglich werden können, wie sehr wir alle – bei der unvertretbaren Verantwortung der Täter – mitschuldig sind, daß junge Menschen sich so verirren: durch unser eigenes Verhalten, durch die Fehler und Versäumnisse beim Ernstnehmen der Grundwerte unseres Zusammenlebens in Staat und Gesellschaft, durch die immer enger werdenden Chancen für die Zukunft junger Menschen, durch mangelndes Vertrauen auf die gewaltlose Veränderung unserer Welt zum Besseren, durch viel Angst und Leisetreterei also. Ich brauche das nicht als etwas Neues vorzubringen.

Heute aber will ich ganz gezielt und deutlich die ansprechen, die immer noch glauben, sich mehr oder weniger heimlich über den Tod der Mächtigen freuen zu können, die im Hintergrund oder im Untergrund des Terrors helfen. Sie helfen Mördern! Und, was mindestens ebenso schlimm ist, sie helfen jeder reaktionären Wendung weg von Freiheit und Frieden in unserem Lande. Ja, sie bringen jede kritische, radikale Bürgerhaltung in Verruf.

Ich sage das als Pfarrer, bescheidener: als einer, der versucht, ein Christ zu sein. Ich sage das, nachdem ich vor einem Jahr in dieser Sendung über das erste Gebot gesprochen habe. Denn die Grundnormen unseres menschlichen Zusammenlebens sind keine menschliche Erfindung. Gott sagt: Du sollst nicht töten. Wer brutale Gewalt übt, wer mordet, wer Mörder unterstützt, wird nicht nur an seinen unmittelbaren Opfern schuldig. Er zerschneidet jeden Lebenszusammenhang. Er zerstört das Bild des Menschen, der ein Geschöpf Gottes ist. Er endet dort, wo wir schon einmal geendet sind, als ein Mörder unser Volk regierte.

Darum ist weniger der Ruf nach härteren Gesetzen, nach noch mehr Polizei, nach besseren Fahndungsmethoden – so wichtig sie sein mögen – das Entscheidende, sondern die Grundhaltung jedes einzelnen von uns, gerade jedes einzelnen, der tief besorgt ist um unseren Weg in die Zukunft, jedes jungen Menschen vor allem. Ihr wollt doch leben und anderen zum Leben helfen!

Ich bitte Euch inständig: Denkt darüber nach, bleibt Menschen. Ihr seid es doch, oder?

20. August 1977

Heute vor 14 Tagen habe ich in dieser Sendung über das fünfte Gebot gesprochen, am Tag nach der Trauerfeier für Jürgen Ponto. Dazu habe ich viele Briefe bekommen: Worte der Zustimmung – da habe nun endlich mal einer gesagt, was nötig sei. Worte der Kritik – mußte das so hart, so ohne Entschuldigung ausgesprochen werden? Auch ganz schlimme Worte, die sich darüber erregten, daß ich es gewagt habe, in der allgemeinen Verdrängung unserer Vergangenheit Hitler einen Mörder zu nennen.

Darum will ich heute fortfahren zu erklären, was ich meine. Vor allem dies: Das fünfte Gebot – Du sollst nicht töten – gilt für jeden von uns, für alle, die Macht haben, Gewalt auszuüben, also auch: Regierungen und Konzerne, Großbanken und Gewerkschaften, Parteien und Verbände, ja auch die großen Kirchen. Wer die Mordtaten von Terroristen glaubwürdig verurteilen will, muß zuerst sich selber fragen, wo er Gewalt ausübt, die Leben zerstört: etwa durch Geldanlagen in Ländern, in denen Menschen gefoltert und liquidiert werden, etwa durch eigene Fahrlässigkeit im Umgang mit der ihm anvertrauten Staatsgewalt, etwa durch Schweigen zu Entwicklungen, die uns wegführen von dem großen Angebot der Freiheit in unserem Grundgesetz. Wer hart, ja unerbittlich auf die Morde von Berlin, Stockholm, Karlsruhe und Oberursel reagiert, der muß sich selber messen mit den Maßstäben, die er an andere anlegt. Ich bleibe also dabei: Wer brutale Gewalt übt, bringt schließlich sich selber und uns alle um. Aber ich füge hinzu: Es ist unsere Gesellschaft, die ihre Mörder produziert.

Das fängt auf unseren Straßen mit Tausenden von Verkehrstoten an und hört mit dem eisigen Gesetz der Abschreckung durch unsere militärische Rüstung in aller Welt auf. Das reicht von bestimmten Polizeieinsätzen bis zu den elenden Folgen des Radikalenerlasses. Das meint die rücksichtslose Ausnutzung der Freiheit als einer Freiheit des jeweils Stärkeren ebenso wie die stupide Intoleranz extremer Gruppen zur

Rechten und zur Linken, die kein ernsthaftes Gespräch mehr möglich machen.

Das fünfte Gebot will Leben schützen und zum Leben helfen. Es zeigt die einzige Möglichkeit, aus dem Teufelskreis von Gewalt und Gegengewalt auszubrechen. Jesus Christus hat das in seiner Bergpredigt unzweideutig gesagt: »Liebet eure Feinde, tut wohl denen, die euch hassen.« Ein Spielplatz für Träumer und Spinner? Nein! Wir werden es lernen müssen, so schwer es fällt: Hier ist die einzige Chance zum Überleben. Wir werden es schon noch lernen.

3. September 1977

Vor vier Wochen, liebe Freunde, habe ich ein Wort zu denen zu sagen versucht, die Terroristen unterstützen, vor 14 Tagen zu den Mächtigen in unserem Land, heute will ich ganz einfach uns alle fragen: Was können wir, jeder einzelne von uns, in dieser gewalttätigen Welt tun, um Gewalt abzubauen? Hat der lapidare Satz »Du sollst nicht töten«, über den wir heute zum dritten Mal in dieser Sendereihe nachdenken, irgendeine reale Bedeutung?

Ich meine, wir könnten ihn wieder ernst zu nehmen beginnen, wenn wir bei uns selber anfangen. Mit scheinbar kleinen Schritten: wie wir mit unseren Kindern und Enkeln umgehen, zum Beispiel. Die Kinderfeindlichkeit unserer Gesellschaft ist ein untrügliches Zeichen für ihre Gewalttätigkeit im ganzen. Die tiefe Unsicherheit in der Diskussion um den § 218 und die erschreckende Zahl von Kindesmißhandlungen sind ein Spiegel einer düsteren Erwachsenenwelt. Ich erfahre es ja an mir selber, wie schnell man einem Enkelkind gegenüber ungeduldig werden kann, das doch nur für Stunden oder Tage zu Gast ist. Aber genau hier fängt der Kampf gegen die eigene Gewalttätigkeit an.

Wie leicht und bequem wir unsere Alten abschieben, zum Beispiel. Eine junge Polin, die mich vor kurzer Zeit besuchte, war entsetzt, als sie hörte, unsere Großväter und Großmütter lebten und stürben in der Regel in Heimen. »Bei uns«, so die junge Frau, »wäre das eine Schande für die Kinder.« Sehr nachdenklich sollte uns ein solcher Satz machen aus einem Lande, in dem Solidarität noch kein Schlagwort geworden zu sein scheint, übrigens einem christlichen und sozialistischen Lande.

Der Friede fängt also in der Familie, im eigenen Haus, im Betrieb, mit dem Nachbarn an. Und nur, wenn wir solche Beispiele im kleinen zu geben bereit sind, kommen dann größere Schritte dazu; der Protest etwa gegen die zynische Darstellung der Gewalt auch auf diesem Fernsehschirm, meistens sinnvollerweise gleich nach dem jeweiligen »Wort zum Sonntag«, die Mitverantwortung für das, was in Schulen und Hochschulen gelehrt und eingeübt wird, der Ernst, mit dem wir von der Schuld reden, die jeder von uns Älteren trägt für das, was in deutschem Namen Schreckliches in dieser Welt geschah.

Gott, der das fünfte Gebot gesprochen hat, wollte uns befreien zum Leben, wollte uns losreißen von Haß und Vorurteilen. Das fünfte Gebot ist wie alle anderen ein Angebot: Du brauchst nicht mehr zu töten, Gewalt zu üben, feindselig zu sein. Du kannst Böses mit Gutem überwinden. Du darfst ein Mensch sein, ein Geschöpf Gottes, und der Mensch neben dir auch.

Advent
Weihnachten
Epiphanias

9. Dezember 1978

Advent heißt Ankunft. Und damit ist zuerst natürlich die Ankunft des Kindes gemeint, des Sohnes der Maria, den sie Jesus nannten. Wir feiern seine Geburt in 14 Tagen, wenn wieder Weihnachten ist. Das Evangelium freilich, das morgen in den Gottesdiensten, wie seit Jahrhunderten, am zweiten Advent gelesen wird, redet von einer anderen Ankunft: »Und alsdann werden sie sehen des Menschen Sohn kommen in den Wolken mit großer Kraft und Herrlichkeit. Wenn aber dieses anfängt zu geschehen, so sehet auf und erhebet Eure Häupter, darum, daß sich Eure Erlösung naht.«

Von der Wiederkunft Jesu Christi ist also hier die Rede und vom Ende der Welt, in der wir leben. Ja, das ist schon eine Zumutung, daß ich hier nun vor Ihnen sitze, zwischen Tagesschau und Spielfilm, und sage: Dies wird alles ein Ende haben. Unsere Hoffnungen und Erwartungen, unsere Liebe und unser Haß, unser Fortschritt und die Zerstörungen, die wir anrichten, unsere Ängste und Verzweiflungen. Die Mächtigen und die Machtlosen, die Satten und die Hungernden, wir alle laufen, leben, sterben auf dieses Ende zu. Staaten und Gesellschaften, Völker und Rassen, Religionen und Kirchen haben ihr Ende. Aber an diesem Ende steht nach dem Zeugnis der Schrift nicht irgendeine namenlose Katastrophe, unausdenkbar schrecklich, sondern Er, das Kind der Maria als Herr der Welt. Nicht auf den Untergang, sondern auf die Erlösung hin ist die Welt angelegt, auf eine neue Schöpfung, die endlich Gott Gott sein läßt – »darum erhebet Eure Häupter«.

Das ist die zweite Zumutung. Nicht der abgrundtiefe Pessimismus, nicht die Resignation unserer Herzen und Hände, sondern das erhobene Haupt, der aufrechte Gang im Gestrüpp unseres Lebens wird uns befohlen, wenn wir an die Zukunft Jesu Christi denken. Die Herrschaft des Menschen über die Menschen wird zu Ende sein, wenn er kommt, Jesus Christus.

Wann kommt er? Am Ende der Tage? Ja, gewiß, am Ende der Tage. Ich weiß also, wie die Geschichte zu Ende geht, die Geschichte der Welt und unsere Geschichten. Gott sei Dank. Das macht uns frei und gelassen im täglichen Kampf um mehr Frieden und Liebe und Menschlichkeit in dieser Welt. Aber seine Zukunft hat schon begonnen. Alle Zeiten sind seiner Zukunft gleich nah. Wenn ich morgen in meiner Gemeinde in Berlin-Schlachtensee über den gleichen Text predigen werde, wenn wir uns dann versammeln zum Abendmahl, dann kommt er – in seinem Wort und unter Brot und Wein. Dann macht er uns fähig zu sagen und zu tun, was auf seine Zukunft hin notwendig ist. Dann reißt er uns heraus aus unserer Müdigkeit und unseren Zweifeln. Und vielleicht auch schon jetzt in diesem Augenblick zwischen Tagesschau und Spielfilm spüren wir es von weitem: Wir können aufrecht gehen, weil er kommen wird. Anfang und Ende in einem, Vergangenheit, Gegenwart und Zukunft in einem.

23. Dezember 1978

Dieses Wort zum Sonntag ist ein Wort zum Heiligen Abend, ein Wort für den Tag, auf den wir uns freuen und vor dem sich doch so viele fürchten.

Bitte haben Sie Verständnis dafür, wenn ich in diesen wenigen Minuten vor allem zu denen spreche, die Angst haben vor dem morgigen Tag. Da sind die, denen ihre Einsamkeit an diesem Tag so erbarmungslos erscheint wie nie im ganzen Jahr, die, die wirklich allein sind, und die, die mitten in einer Familie doch allein gelassen werden, die Eltern, die an ihren Kindern verzweifeln und die jungen Leute, die ihre Eltern nicht aushalten können. Da sind die Ausgeschlossenen und Diffamierten, die keine Gesellschaft mehr annimmt, und die, die sich selbst ausgeschlossen haben, indem sie wegliefen aus jeder Freundschaft – in den Alkohol, in Drogen, in den Untergang der Illegalität und der Gewalttat. Da sind die Gefangenen und Eingesperrten in jeder Art von Gefängnis, denen mit richtigen Gittern vor den viel zu kleinen Fenstern, und den anderen Gefängnissen, die wir uns selbst gebaut haben: unsere Karriere, unser Lebensstandard, unsere Ideologien und unser Aberglauben. Und da sind die, die angewidert sind von unserer zu Geschäftemacherei und tausend Geschmacklosigkeiten verkommenen Art, Weihnachten zu feiern, die nichts mehr hören wollen von leerem Friedensgerede in einer Zeit von haßerfüllten Konflikten.

Gerade ihnen würde ich, ließe es die Zeit jetzt zu, die wirkliche Weihnachtsgeschichte gern erzählen. Daß Jesus, das Kind der Maria, gerade in diese ihre Welt hineingeboren wurde, nackter und unbehauster als sie alle zusammen, und daß dieses Kind der Mann wurde, der dann geradewegs in alle Einsamkeit und Schuld, in alle Verlassenheit und Bitterkeit hineinging als ein Bruder, Mensch unter Menschen, und als das einzige unversehrte Geschöpf Gottes, bis ihn die Menschen, weil sie seine Liebe nicht aushalten wollten, wie einen Verbrecher hingerichtet haben. Und ich möchte ihnen meine Erfahrung weitergeben, daß dieses Kind, daß dieser Jesus Christus auf eine merkwürdige Weise lebt, und jeden Tag jedem von uns neu geboren werden kann. Sein Licht ist dort am ersten und am hellsten zu erkennen, wo es ganz finster ist, also gerade bei ihnen, die sich am meisten vor morgen fürchten. Die einfachsten Leute sind es gewesen, die nach der uralten Geschichte seinen Glanz als völlig Überwältigte erlebt haben. Seine Gefährten hat er sich von der Straße geholt. Die Kranken, die in jedem Sinn Aussätzigen hat er geheilt, indem er ihnen eine neue Hoffnung und damit ein neues Leben gab, indem er sie von allen Ängsten frei machte.

Lassen Sie sich also nicht beirren von dem, was hierzulande weithin aus dem Heiligen Abend geworden ist, ein Fest der Reichen und Satten, ein Fest der Sicheren und Gelangweilten. Auch nicht beirren von der Welt, wie sie aussieht. Die Welt Jesu Christi hat den längeren Atem, den großen Atem der Hoffnung und der Freiheit.

Ich wünsche Ihnen, daß Sie ihn doch spüren. Morgen und über morgen hinaus. Sie sind auf keinen Fall und nirgendwo alleingelassen mit diesem Mann, dessen Geburtstag wir morgen feiern, Jesus Christus.

6. Januar 1979

Es ist eigentlich traurig, daß der heutige 6. Januar, der Tag der Heiligen Drei Könige, nicht mehr als ein gemeinsames Fest aller Christen in unserem Lande gefeiert wird. Denn wenn die schöne alte Geschichte auch weder von Heiligen noch von drei Königen erzählt, sondern von den Weisen aus dem Morgenlande, so kann sie uns doch recht nachdenklich machen.

Da sind zuerst die Weisen selbst. Sterndeuter sind sie, Astronomen – wobei die Grenze zur Astrologie noch unscharf ist. Die Wissenschaft schämte sich damals noch nicht, sich auch Gedanken über das Unberechenbare zu machen. Jedenfalls haben sie ein besonders helles, bisher unbekanntes Licht am Himmel gesehen. Und sie nehmen dieses Licht so ernst, daß sie aufbrechen, ihr Land, ihre vertraute Umgebung verlassen, der Bahn des Sternes nach, und einen neuen König suchen.

Ich frage uns alle: Wann sind wir jemals bereit, etwas Neues und bisher Unbekanntes ernst zu nehmen und daraus sogar persönliche Konsequenzen zu ziehen, höchst unbequeme, kostspielige Konsequenzen?

Da ist zweitens der König Herodes. Der fällt in panische Angst, als er hört, da sei ein Nachfolger geboren, der ihm seine Macht streitig machen könnte. Und aus dieser Angst reagiert er wie alle, die nur ihre Macht verteidigen: mit Lüge und Gewalt. Die Geburt Jesu kostet nach dieser schrecklichen Geschichte unzähligen Kindern das Leben. Man mag diesen Bericht vom Kindermord in Bethlehem, von der staatlichen Gewalt befohlen, für eine schaurige Legende halten. Aber ich frage: Ist hier nicht doch nur nüchtern beschrieben, was immer wieder geschieht, wenn sich Mächtige bedroht fühlen, im Iran, in Nicaragua, in Kambodscha, in Abessinien?

Und da ist drittens und vor allem das winzige Kind Jesus selbst. Hier werden nun wirklich alle Maßstäbe vertauscht. Nicht im königlichen

Palast in Jerusalem, sondern in tiefster Ärmlichkeit finden die Weisen den neuen Herrn der Welt, schwach und hilflos, alles andere als ein Königssohn. Aber es wird berichtet, daß sie keinen Augenblick gezögert haben. Sie warfen sich nieder und huldigten diesem Kinde, ausgerechnet diesem.

Ich frage: Begreifen wir auch noch heute, von so viel Wissenschaft und Klugheit umgeben, so süchtig nach Macht und Fortschritt, was es bedeutet, dieses merkwürdige Evangelium, diese gute Nachricht: Die wirkliche Macht liegt bei einem machtlosen Kind? Der wahre König wird schließlich gekreuzigt werden. So stand es über dem Sterbenden ja zu lesen: Jesus von Nazareth, König der Juden.

Daran kommen wir nämlich nicht vorbei: Dieser Jesus ist ein König der Gewaltlosigkeit. Und gerade darum der wirkliche Herr der Welt. Gott sei Dank.

Über das Teilen

29. September 1979

Wir kennen die Bilder, schreckliche Hungerbilder von Kindern aus der Dritten Welt, wir kennen unsere Kinder, in der Regel wohlgenährt, manchmal sogar ein bißchen zu dick. Das ist die Wirklichkeit, in der morgen in Deutschland Erntedankfest gefeiert wird. Von deutschen Erwachsenen brauche ich nicht zu reden: Da sehen Sie mich selber, als einen von Millionen, der alles, was er zum Leben braucht, und noch viel mehr, hat. Auch bei uns gibt es Not, aber keiner braucht zu hungern.

Dies alles wissen wir, wenn wir nur lesen und zuhören können, seit Jahren. Immer neue Elends- und Schreckensbilder werden uns gezeigt, und an Weihnachten rührt sich unser Herz – vielleicht –, und wir geben ein kleines Opfer an »Brot für die Welt«, für »Misereor«

oder für die »Welthungerhilfe«. Aber es ändert sich nichts. Die Zahlen der verhungernden Kinder werden immer höher und der Abstand zwischen reichen und armen Völkern in der Welt immer größer.

Warum ändert sich nichts? Doch vor allem, weil wir uns selbst nicht ändern. Weil es uns – um jeden Preis, wirklich um jeden Preis, also auch um den Preis des Völkermordes – immer besser gehen soll, weil alles auf Wachstum und Fortschritt angelegt ist – Fortschritt wohin? – und niemand, kein Regierender, keine Partei, keine Kirche uns zur Änderung unser Konsum- und Wegwerfgesellschaft aufruft. Nie lebt es sich so bequem wie auf Kosten anderer.

Und das schlimmste ist: Auch wenn einer von uns anfängt, seinen Lebensstil zu vereinfachen, auf irgend etwas zu verzichten, auf sein Auto zum Beispiel, ändern wir damit gar nichts – setzen höchstens ein Zeichen, über das die Mehrheit lachend hinweggeht – das sind die Träumer und Spinner, das sind die Subkulturen.

Woran liegt das? Ich meine, weil wir vergessen haben, daß die Güter dieser Welt nicht unser frei verfügbares Eigentum sind. Sie sind Geschenk und Auftrag dessen, der diese Welt und uns geschaffen hat. Im Gedächtnis der meisten von Ihnen, die jetzt noch zuhören, ist das Gebet haften geblieben, das uns der einzige wirkliche Mensch, der der Sohn Gottes war, gelehrt hat zu beten: »Vater unser, – unser täglich Brot gib uns heute.« Da nehmen wir also, was ein anderer gibt. Und der Vater, von dem hier die Rede ist, ist der Vater aller Kinder – der Hungrigen und der Satten. Glauben wir im Ernst, daß er noch lange zusehen wird, wenn wir auf Kosten des Hungrigen satt sind? Nicht die Theologen, sondern die Sachverständigen rechnen uns aus, wie lange, wie kurz dies Auf-Kosten-anderer-Leben noch gut gehen kann.

Ich, nun ein alt gewordener Mann, werde diese Katastrophe wahrscheinlich nicht mehr erleben. Aber soll ich schweigen, wenn ich an meine Enkel denke? Darum möchte ich eigentlich beten dürfen: Vater unser, gib uns hier in Europa lieber etwas weniger zu essen und dafür etwas mehr Verstand, damit wir endlich aufwachen und bereit sind zu teilen.

13. Oktober 1979

Vermutlich kennen Sie Bilder von der letzten Mahlzeit Jesu mit seinen Gefährten. Dreizehn Männer um einen Tisch, an dem alle das gleiche essen und trinken, Brot und Wein. Einer von ihnen hat es ihnen zugeteilt, seinen zwölf Jüngern, jedem von ihnen, auch dem, der ihn noch in der gleichen Nacht verrraten wird, auch dem, der ihn nicht mehr kennen wird, ehe der Hahn dreimal gekräht hat. Sie sind beieinander, zum letzten Mal. Gleich, wenn sie aufbrechen werden, beginnt der Weg Jesu Christi, ihres Gastgebers, in den Tod.

Selbst in unserem immer unchristlicher werdenden Lande wissen noch viele: Das ist das Abendmahl, für alle Christen, auf welche Weise auch die Kirchen mit ihren Theologien es uns schwer gemacht haben, daran teilzunehmen.

Im frühen Sommer dieses Jahres freilich war ich auf dem Evangelischen Kirchentag in Nürnberg. Dort sind sie zu Tausenden und Abertausenden zu diesem Abendmahl geströmt, vor allem junge Menschen. Die Kirchen konnten diese Tausende kaum fassen, die Kirchen beider Konfessionen – die Grenzen wurden überrannt. Brot und Wein reichten oft nicht aus und mußten während des Gottesdienstes neu herangeschafft werden. Ähnliches erleben wir seit Jahren in einigen Gemeinden. Da stehen sie um den Tisch Jesu Christi und geben sich die Schale mit dem Brot und den Kelch mit dem Wein weiter – wieder viele Junge, mit den Alten, auch Kinder sind dabei, Gott sei Dank – woran liegt das? Eine neue Gläubigkeit? Vielleicht, wer weiß? Aber sicher ein neues Gefühl, beieinander zu sein, ohne große Worte, teilen zu können, sich und dem nächsten neben mir begegnen zu dürfen – und dem unter Brot und Wein, der für uns gestorben ist und für uns lebt.

Hier ist eine andere Welt zu spüren, zu schmecken: die Gegenwelt Jesu Christi – die Welt des Teilens gegen die Welt des Fressens und Gefressenwerdens. Die Welt des Friedens gegen die Welt der Gewalt, die Welt der Barmherzigkeit gegen die Welt zynischer Macht, von der ich vor 14 Tagen geredet habe.

Vielleicht spüren das die jungen Leute und hoffentlich auch einige von uns Alten – und darum kommen sie. Jedenfalls ist mehr als in jeder Predigt, mehr als in jedem Wort zum Sonntag Wirklichkeit, was die Christen in dieser Welt auszurichten haben. Auch wenn man sie für Spinner und Träumer erklärt – der Tisch des Herrn Jesus Christus ist keine Winkelmesse im Verborgenen mehr. Das Abendmahl ist das Gleichnis von der neuen Welt, um die wir zu kämpfen haben. Nicht als ob wir das Reich Gottes auf Erden errichten könnten: Es ist ja schon da, es ist so nahe herbeigekommen, daß wir es anfassen können. Wir sollten nur auch die Konsequenzen daraus ziehen.

Ohne Waffen leben

27. Oktober 1979

Vor ein paar Wochen haben die Evangelischen Christen in der DDR auf der Synode ihres Kirchenbundes in Dessau einen einmütigen Beschluß gefaßt, der nicht selbstverständlich war, und den wir hören sollten. Ich war nicht dabei in Dessau. Aber ich weiß, wie schwierig es ist, Synoden zu einer einmütigen Aussage zu bringen. Die Christen dort drüben, unsere Brüder und Schwestern, wie wir bis zum Überdruß sagen, sind beunruhigt über die Entscheidungen, die mit der Stationierung von Mittelstreckenraketen in beiden deutschen Staaten auf uns zukommen, und fragen uns, was wir als Christen in der Bundesrepublik Deutschland dazu zu sagen hätten. Ja, was sagen wir Christen hier?

Ich kann nicht für alle Christen, geschweige denn für die Kirchen sprechen. Aber ich habe als ein Mann, der versucht, ein Christ zu sein, nicht die Absicht zu schweigen. Ich sage also dies:

Zuerst, ich würde mich freuen, wenn auch eine Synode in unserem Teil Deutschlands den Mund auftäte. Die Diskussion seit dem Vorschlag Breschnews, auf bestimmte Waffen zu verzichten und Truppenstärken zu vermindern, hat eine gefährliche Schlagseite. Denn sie tut so, als ob eine Verteidigung gegen einen Angreifer überhaupt möglich wäre, ohne daß Mitteleuropa eine Wüste würde, gegen die die Zerstörungen des Zweiten Weltkrieges vergleichsweise harmlos erscheinen. Das wissen alle Experten. Aber sie sprechen es nur selten und nur sehr leise aus. Wenn das aber richtig ist, dann ist nicht die Produktion immer neuer und gefährlicherer Waffensysteme das Gebot der Stunde, sondern Abrüstung. Einer muß den Anfang machen. Ich hätte es lieber gesehen, es wäre ein westlicher Politiker gewesen. Aber nun darf nicht Angst vor Schwäche die Stunde regieren, sondern das Vertrauen auf einen letzten Rest von Vernunft. Niemand will den Krieg in Europa. Wenn das so ist, warum rüsten wir uns dann zu Tode?

Darf ich das in einem »Wort zum Sonntag« sagen? Ich muß es, finde ich. Der Herr Jesus Christus hat uns gesagt, daß die Friedensstifter Frieden erlangen werden. Er hat uns gesagt, man solle das Böse mit Gutem überwinden. Ist er ein Verrückter gewesen? Dann soll man das sagen und ihn wie in atheistischen Staaten in die Kirchen einsperren zum Privatgebrauch von Träumern.

Aber der Sohn Gottes war kein Träumer. Ich bin, je älter ich werde, desto mehr überzeugt, daß seine Bergpredigt sehr viel nüchterner und praktischer und wahrhaftiger über diese Welt und uns Menschen Bescheid weiß als alle politischen und militärischen Programme.

Sie will, daß wir ohne Waffen leben. Dahin ist ein weiter Weg. Aber wer das Schwert nimmt, wird durch das Schwert umkommen, sagt Jesus Christus. Man sollte diesen Satz über das NATO-Hauptquartier in Brüssel und über das Oberkommando des Warschauer Paktes hängen. Es stimmt nämlich. Haben wir es nicht schrecklich genug erfahren? Haben wir immer noch nicht genug? Die Christen müssen reden. Laut und deutlich. Auch hier bei uns. Wir haben es leichter als drüben.

Über Heinrich Albertz

1915 in Breslau geboren. Pastor der Bekennenden Kirche in Schlesien. Flüchtlingspastor in Celle. 1948–1955 Niedersächsischer Flüchtlings- und Sozialminister. 1955–1967 Mitglied des Berliner Senats. Berliner Regierender Bürgermeister. 1969 wieder im kirchlichen Dienst; Pfarrer in Berlin-Schlachtensee. Seit April 1979 im Ruhestand.

Im RADIUS-Verlag erschien von Heinrich Albertz *»Diesseits von Eden. 16 Predigten«*. Über dieses Buch schrieb der *Mannheimer Morgen*: ». . . Albertz' Predigten zu verschiedenen Feiertagen im Lauf eines Kirchenjahres – Heiligabend, Karfreitag, Ostern, Epiphanias und andere – sind weder gelehrte Abhandlungen noch salbungsvolle Kanzelschwärmereien. Sie treffen den Zuhörer, weil er darin für seine eigene Frage nach einem sinnerfüllten Leben Antwort findet . . .«

Außerdem ist Heinrich Albertz Mitarbeiter der achtbändigen Reihe *»Assoziationen. Gedanken zu biblischen Texten«*, die von Walter Jens im RADIUS-Verlag herausgegeben wird.

Inhalt

In diesen vier Hörspieltexten von sechs Autoren »geht es um Menschen in unserer Gesellschaft, deren Leben nicht mehr in normalen Bahnen verläuft. Doch schon die Denkschablone von ›Normalität‹ wird in Frage gestellt. Sind die ›Normalen‹ deshalb normal, weil sie entweder ohnmächtig oder tatkräftig dabei sind, wenn andere immer mehr von den Maßstäben abweichen?... Die Menschen in diesen Hörspielen sind stumm geworden. Sie reden zwar über alles, aber nicht über das, was sie wirklich betrifft. Wenn der Begriff nicht schon so abgenutzt wäre, müßte man von einer tiefen Entfremdung sprechen: Entfremdung von der Gesellschaft, deren Menschen und Einrichtungen, und von sich selbst. Aber dieses theoretische Erklärungsraster trägt nicht weit, weil es die Eindringlichkeit und Differenziertheit der Hörspiele nicht widerspiegelt.« Paul-Josef Raue in der »Funk-Korrespondenz«

Sprechstörungen. *Vier Hörspiele von Charles Dürr / Wolfgang Schiffer, Peter Goedel / Herbert Hoven, Wolfgang Kirchner und Hannelies Taschau mit einer Einführung von Waltraut Schmitz-Bunse. 128 Seiten, Leinen mit Schutzumschlag DM 24,80.*

RADIUS-Verlag, Kniebisstr. 29, 7 Stuttgart